Dyma hen dŷ Mr a Mrs Prys.

Maen nhw wedi'i werthu e i Mr a Mrs Marsh. Mae Mr a Mrs Marsh wedi dod i fesur yr ystafelloedd.

Mae Mr a Mrs Prys yn mynd i weld eu tŷ newydd.

Mae dynion yn peintio'r tŷ cyn i'r teulu symud i mewn. Maen nhw'n gwneud ffrindiau gyda'r bobl sy'n byw drws nesaf.

Profiadau cyntaf

Symud tŷ

Anne Civardi
Golygwyd gan Michelle Bates
Lluniau gan Stephen Cartwright
Dyluniwyd y clawr gan Jan McCafferty
Trosiad gan Hedd a Non ap Emlyn

Mae hwyaden fach felen yn cuddio ar bob tudalen ddwbl. Alli di ddod o hyd iddi?

Dyma Mr a Mrs Prys a'r teulu.

Mae Iolo yn saith oed ac mae Catrin yn bump. Maen nhw'n symud i dŷ newydd cyn bo hir.

Mae dau ddyn o'r siop garpedi yn dod i osod carpedi newydd yn rhai o'r ystafelloedd.

Yn eu hen dŷ, mae Mr a Mrs Prys yn pacio.

Mae pacio'n waith caled ac mae'n cymryd amser i Mr a Mrs Prys bacio'u pethau.

Mae Iolo'n gwneud yn siŵr fod ei deganau wedi cael eu pacio.
Ond mae'n well gan Catrin chwarae.

Mae Mr a Mrs Prys yn symud tŷ.

Mae lori fawr yn cyrraedd yn gynnar ac yn mynd â dodrefn Mr a Mrs Prys i'r tŷ newydd.

Mae Bil, y gyrrwr, a Harri a Lis yn helpu i lwytho popeth i'r lori. Yna maen nhw'n gyrru i'r tŷ newydd.

Mae pawb yn barod i ddadlwytho'r lori.

Mae Iolo a Catrin yn cael eistedd yn y lori. Yna mae pawb yn dechrau dadlwytho.

Maen nhw'n cario pethau i mewn i'r tŷ.

Mae Bil, Harri a Lis yn cario'r dodrefn trwm. Mae Mrs Prys yn dangos ble i roi popeth.

Dyma ystafell newydd Catrin.

Mae Dad yn helpu Catrin i gael yr ystafell yn barod. Mae e'n hongian y llenni. Mae Catrin wrth ei bodd gyda'i hystafell newydd.

Mae gan Iolo ei ystafell ei hun hefyd.

Mae Iolo'n hoffi'r tŷ newydd achos does dim rhaid iddo fe rannu ystafell gyda Catrin nawr. Mae Mrs Prys yn ei helpu fe i ddadbacio.

Mae Mr a Mrs Prys yn cwrdd â'r bobl drws nesaf.

Yn ystod y prynhawn, mae Mr a Mrs Prys yn mynd am dro i lawr y stryd. Maen nhw'n cwrdd â llawer o bobl.

Bydd Catrin a Iolo'n gwneud ffrindiau newydd nawr. Mae Mrs Potts drws nesaf yn rhoi cacen fawr i Mr Prys i'w croesawu nhw.

Mae Mr a Mrs Prys a'r teulu yn mynd i'r gwely.

Maen nhw wedi blino'n lân ar ôl symud tŷ ac maen nhw'n cysgu'n drwm yn eu cartref newydd.

Cyhoeddwyd gyntaf yn Saesneg gan Usborne Publishing Ltd dan y teitl *Moving house*.
Cyhoeddwyd gan Wasg y Dref Wen Cyf., 28 Ffordd yr Eglwys, Yr Eglwys Newydd, Caerdydd CF14 2EA Ffôn 029 20617860.
 Argraffwyd yng Ngwlad Belg.